Wilma Rudolph

Contra todo lo inconveniente

Stephanie E. Macceca

Asesor

Glenn Manns, M.A.
Coordinador del programa de enseñanza de Historia de los Estados Unidos en la Cooperativa Educativa de Ohio Valley

Créditos

Dona Herweck Rice, *Gerente de redacción*; Lee Aucoin, *Directora creativa*; Conni Medina, M.A.Ed., *Editorial Director*; Katie Das, *Editora asociada*; Neri Garcia, *Diseñador principal*; Stephanie Reid, *Investigadora fotográfica*; Rachelle Cracchiolo, M.S.Ed., *Editora comercial*

Créditos fotográficos

portada Sports Illustrated/Getty Images; p.1 Sports Illustrated/Getty Images; p.4 Pdesign/Shutterstock; p.5 Tim Bradley; p.6 Toto Santiko Budi/JiwaFoto/Newscom; p.7 Biblioteca y Museo Presidencial Franklin D. Roosevelt; p.8 Biblioteca del Congreso de los Estados Unidos, LC-USE6-D-009282; p.9 SPL/Photo Researchers, Inc.; p.10 Liam White/Alamy; p.11 Associated Press; p.12 Keith R. Neely; p.13 Nagy Melinda/Shutterstock; p.14 (superior) Tim Bradley, (inferior) Aptyp_koK/Shutterstock; p.15 Universidad Estatal de Tennessee; p.16 Universidad Estatal de Tennessee; p.17 Universidad Estatal de Tennessee; p.18 Newscom; p.19 Universidad Estatal de Tennessee; p.20 Getty Images; p.21 Newscom; p.22 Popperfoto/Getty Images; p.23 (superior) Associated Press, (inferior) Associated Press; p.24 Associated Press; p.25 Associated Press; p.26 Blinow61/Shutterstock; p.27 Donald Drye/Flickr; p.28 (izquierda) Associated Press, (derecha) Keith R. Neely; p.29 (izquierda) Universidad Estatal de Tennessee, (derecha) Popperfoto/Getty Images; p.32 Abaca/Newscom

Teacher Created Materials

5301 Oceanus Drive
Huntington Beach, CA 92649-1030
http://www.tcmpub.com
ISBN 978-1-4333-2579-3
©2011 Teacher Created Materials, Inc.
Printed in China
Nordica.082019.CA21901100

Tabla de contenido

La pequeña Wilma

Wilma Rudolph nació el 23 de junio de 1940 en Tennessee. Nació antes de tiempo. Sólo pesaba 4.5 libras. Era demasiado pequeña y por eso se enfermaba con frecuencia.

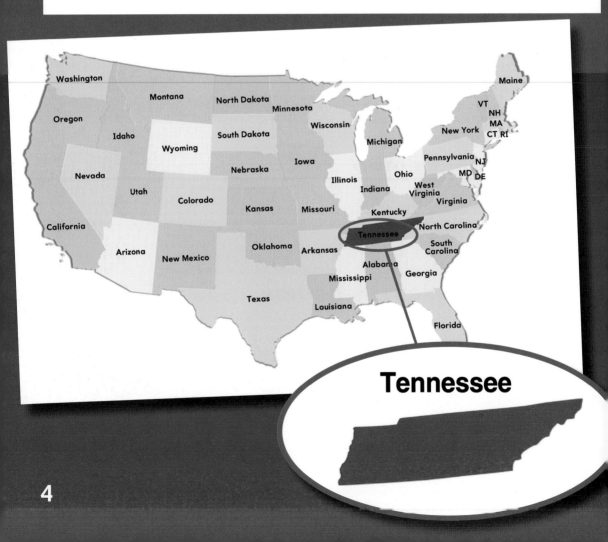

Tennessee

Wilma era una bebé muy pequeña.

La polio

A los cuatro años, Wilma se enfermó gravemente. Luego se mejoró. Su madre estaba preocupada. Algo sucedía con la pierna y el pie izquierdo de Wilma. El doctor dijo que Wilma tenía **polio**.

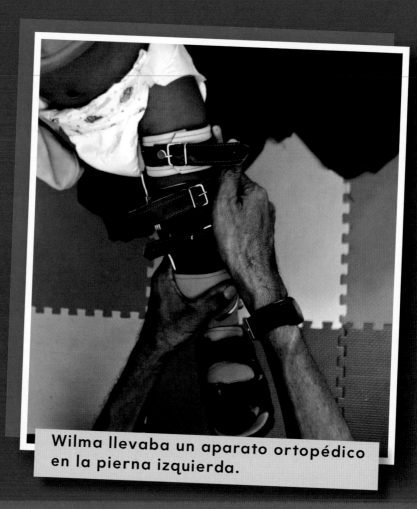

Wilma llevaba un aparato ortopédico en la pierna izquierda.

El presidente Franklin D. Roosevelt también tuvo polio. No podía caminar. En la actualidad, la polio no es una enfermedad común. Las personas pueden vacunarse para no contraer polio.

El presidente Roosevelt

El doctor dijo que Wilma nunca volvería a caminar. Wilma no pudo caminar durante dos años. Sus hermanos y hermanas la ayudaban a ejercitar la pierna y el pie izquierdo.

Algunos niños con polio aprenden a caminar con muletas y aparatos ortopédicos.

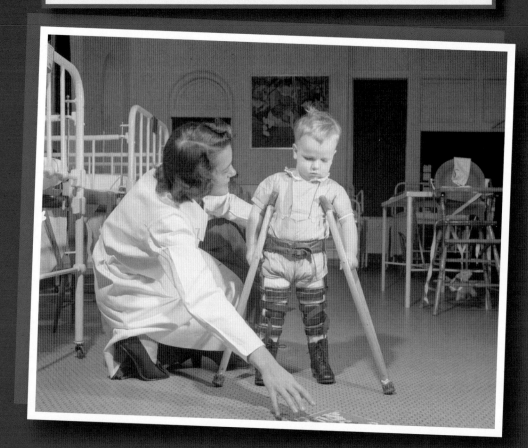

La polio es una enfermedad antigua. Este sacerdote egipcio tuvo polio. Tiene la pierna derecha más delgada que la izquierda.

Wilma usaba un aparato ortopédico en la pierna. En la escuela, no podía hacer deportes ni participar en los juegos. Miraba a los otros niños jugando y quería ser como ellos.

Estos niños con polio tienen aparatos ortopédicos en las piernas y juegan en un columpio.

¡En la familia de Wilma había 22 niños, y ella era la número 20!

Wilma y su hermana Yvonne

Los deportes

Wilma trabajaba duro para hacerse más fuerte. A los 12 años, ya no usaba muletas ni el aparato ortopédico de la pierna. A Wilma le encantaba practicar deportes. Sus hermanos construyeron un aro de baloncesto en su patio trasero. Le enseñaron a Wilma a jugar.

Wilma y sus hermanos juegan baloncesto.

En la escuela secundaria, Wilma quería jugar al baloncesto. El entrenador quería a la hermana de Wilma en el equipo. El padre de Wilma dijo que ambas niñas debían jugar. El entrenador estuvo de acuerdo. ¡Wilma se convirtió en la jugadora estrella del equipo!

Dato curioso

¡Wilma anotó la mayor cantidad de puntos en un campeonato estatal de baloncesto!

La fotografía de la escuela secundaria de Wilma

Ed Temple era un entrenador universitario de **atletismo**. Vio a Wilma jugar al baloncesto. Le pareció que ella podía ser una estrella en la pista. Le permitió a Wilma entrenar con su equipo universitario de atletismo. Wilma practicaba mucho. Quería mejorar.

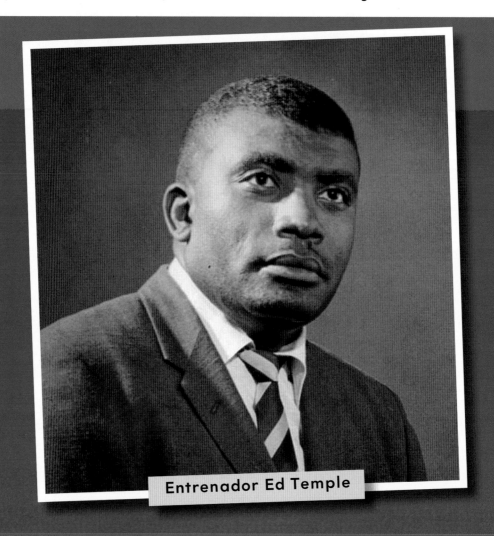

Entrenador Ed Temple

Al comienzo, Wilma no era una corredora rápida. El entrenador Temple le enseñó algunos trucos para que corriera más rápido.

Wilma entrena para una carrera.

Los juegos olímpicos

El trabajo duro de Wilma valió la pena. A los 16 años, participó en los juegos olímpicos en la categoría de atletismo. Ganó la medalla de bronce en la **carrera de relevos** de 100 metros.

Wilma se prepara antes de su carrera.

Nadie creía que el equipo de Wilma ganaría una medalla en los juegos olímpicos de 1956.

Wilma

Wilma a los 16 años con sus compañeras de equipo y el entrenador Temple

Wilma estaba orgullosa de su medalla de bronce. Pero quería ganar una medalla de oro. Wilma se impuso metas. Trabajó muy duro durante cuatro años.

Wilma y sus compañeras de equipo entrenan para los juegos olímpicos de 1960.

Wilma comienza la carrera.

En 1960, Wilma fue otra vez a los juegos olímpicos. Participó en tres carreras. Las ganó todas. ¡Se convirtió en la primera mujer estadounidense en ganar tres medallas de oro en una misma olimpíada!

Dato curioso

A Wilma la llamaban "el tornado de Tennessee" y "la perla negra".

Wilma con sus padres en un desfile

Wilma con el presidente John F. Kennedy

Una verdadera heroína

Después de los juegos olímpicos de 1960, Wilma fue a la universidad. Se convirtió en una maestra y entrenadora. También ganó muchos premios. Fue una de las primeras mujeres **afroamericanas** en ser **honrada** por ser una buena **atleta**.

Wilma con su diploma universitario

Wilma recibió un premio con su héroe, Jesse Owens, a la derecha.

El éxito de Wilma les dio a muchas mujeres la posibilidad de probar cosas nuevas. Lamentablemente, Wilma murió muy joven, el 12 de noviembre de 1994. Pero su maravilloso trabajo nunca será olvidado.

Wilma Rudolph
Athlete
USA 23
2004

Dato curioso

En el 2004, el Servicio Postal de los Estados Unidos creó una estampilla en homenaje a Wilma.

Wilma está enterrada en Tennessee.

Línea del

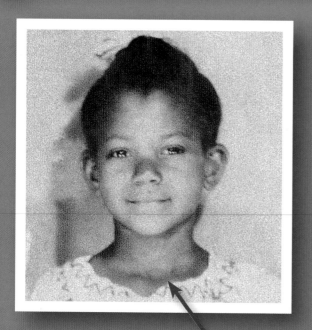

1940

Wilma Rudolph nace en Tennessee.

1944

Wilma recibe un diagnóstico de polio.

1952

Wilma aprende a jugar baloncesto y a caminar sin la ayuda de muletas o un aparato ortopédico.

tiempo

1956

Wilma gana la medalla de bronce en los juegos olímpicos.

1960

Wilma se convierte en la primera mujer estadounidense en ganar tres medallas de oro en los juegos olímpicos.

1994

Wilma muere a los 54 años.

29

Glosario

afroamericano(a)—persona nacida en el continente americano con familia que vino de África

aparato ortopédico—elemento que da apoyo a otra cosa; por ejemplo, el aparato ortopédico que sirve de apoyo a una pierna

atleta—persona que es buena en los deportes

atletismo—deporte que incluye carreras, saltos y otras pruebas

carrera de relevos—carrera en la que corre un equipo

honrada—recibir algo por buen trabajo

polio—enfermedad que puede hacer que los músculos dejen de moverse

Índice

Estadounidenses de hoy

Allyson Felix es corredora en el circuito de 200 metros, igual que Wilma Rudolph. Cuando tenía 18 años, ganó el Campeonato Mundial de Atletismo de 2007 en la carrera de 200 metros.